【全彩图解】

酒店员工培训教程

左冬梅　赵广欣　编著

机械工业出版社
CHINA MACHINE PRESS

本书以酒店员工业务流程等为理论依据，借鉴国内外品牌酒店的先进管理经验，通过可视化和"图文并茂"的方式，生动地将酒店管理和服务过程中的详细工作标准、高效工作流程及酒店运营知识呈现给读者。本书内容涵盖了前厅部、客房部、餐饮部、宴会厅、市场销售部、保安部、人力资源部、工程部的标准工作流程，具有非常强的可操作性、实用性和指导性。

本书既可以作为酒店员工的培训教材，也可以供酒店管理专业师生参考。

图书在版编目（CIP）数据

酒店员工培训教程 / 左冬梅，赵广欣编著. — 北京：
机械工业出版社，2018.2（2023.5重印）
ISBN 978-7-111-59140-5

Ⅰ. ①酒… Ⅱ. ①左… ②赵… Ⅲ. ①饭店–商业企业管理–教材
Ⅳ. ①F719.2

中国版本图书馆CIP数据核字（2018）第027252号

机械工业出版社（北京市百万庄大街22号　邮政编码100037）
策划编辑：赵磊磊　　　责任编辑：赵磊磊　王　良
责任校对：黄兴伟　　　责任印制：张　博
保定市中画美凯印刷有限公司印刷

2023年5月第1版第2次印刷
180mm×250mm·9.5印张·228千字
标准书号：ISBN 978-7-111-59140-5
定价：69.80元

凡购本书，如有缺页、倒页、脱页，由本社发行部调换

电话服务	网络服务
服务咨询热线：（010）88361066	机 工 官 网：www.cmpbook.com
读者购书热线：（010）68326294	机 工 官 博：weibo.com/cmp1952
（010）88379203	金 书 网：www.golden-book.com
封面无防伪标均为盗版	教育服务网：www.cmpedu.com

序

由于工作原因，我有幸造访了国内外许多品牌酒店，见证了国际知名品牌酒店进驻我国后为我国酒店行业带来的生机与活力，见证了我国自主品牌酒店在激烈市场竞争中的发展与壮大。同时，我也看到了酒店行业在快速发展中面临的诸多困惑与挑战，其中酒店管理与技能人才培养速度跟不上酒店建成投运的速度，员工流失率高、管理人才流动性大等几乎成为每个酒店面临的共性问题。提高员工技能培训的质量与效率，赋予新员工专业化、规范化和标准化的工作能力，尽快达到上岗要求，并促使老员工始终按流程标准完成工作，成为维护品牌酒店市场竞争力和为客户提供高品质服务的根本保证。为此，酒店人一直在努力。

我有幸到作者所在酒店参加了一个重要行业会议，亲自体验了作者团队作为业内资深知名高级职业经理人打造的酒店行业管理典范。当他们满怀责任与担当，向我呈现这本展示现阶段高端品牌酒店服务工作流程的《酒店员工培训教程》初稿时，我倍感欣喜。该教程可操作性极强，主要具有三大特色。

1. 系统化编辑

该教程以PDCA质量管理、业务流程管理等为理论依据，系统性地将高星级酒店客房、前厅、餐饮、宴会、工程等业务进行归类、整理和优化，内容包括客房如何打扫、前厅如何接待、餐饮如何服务、宴会如何摆台和设备如何维护保养等10个方面，共53个标准流程，涵盖酒店的主要工作内容。

2. 专业化阐述

该教程博采众长，汇集了国内外知名品牌酒店的管理经验，由担任酒店高级管理岗位、具有扎实专业素养的行业资深人士参与编写，在精益求精中不断汇聚"百家之长"，使该教程十分有利于行业内的对标管理，有利于提高工作效率和提升品质。

3. 可视化呈现

该教程最鲜明的特征是通过真人示范、实景图片、文字说明等方式进行直观呈现。692张图片逐一演示讲解，实操流程和管理标准十分明确，使教者易教、学者易学，尤为适合酒店新员工培训时使用，同时可供相关院校酒店管理专业师生参考。

现将该教程推荐给大家，我希望该教程能够帮助酒店从业者提高我国酒店业的规范化和精细化管理水平，并在业界人士的共同努力下，为满足人民对美好生活的需要做出积极贡献，为国家经济发展和社会进步贡献行业力量。

国际饭店与餐馆协会亚太区主席
全国绿色饭店工作委员会主任
中国饭店协会会长
韩明

目录

序

001　第 1 章　前厅部
- 1.1　前台办理入住标准流程 / 002
- 1.2　前台办理退房标准流程 / 005

009　第 2 章　客房部
- 2.1　客房清扫标准流程 / 010
- 2.2　客房杯具清洗消毒标准流程 / 021
- 2.3　客房物品摆放标准 / 023

035　第 3 章　餐饮部·西餐厅
- 3.1　早餐服务标准流程 / 036
- 3.2　午（晚）餐服务标准流程 / 040
- 3.3　零点服务标准流程 / 044

049　第 4 章　餐饮部·送餐服务
- 4.1　点餐标准 / 050
- 4.2　菜品出品时间标准 / 051
- 4.3　送餐摆台标准 / 053
- 4.4　送餐标准 / 056
- 4.5　收餐标准 / 059

061 | 第 5 章
餐饮部·大堂吧

- 5.1 大堂吧服务标准流程 / 062
- 5.2 葡萄酒服务标准 / 063
- 5.3 饮品服务标准 / 066
- 5.4 结账服务标准流程 / 067
- 5.5 酒水出品标准 / 068
- 5.6 热饮出品标准 / 070
- 5.7 高级茶出品标准 / 072
- 5.8 开胃酒出品标准 / 074
- 5.9 雪莉酒出品标准 / 076
- 5.10 伏特加出品标准 / 077
- 5.11 金酒出品标准 / 078
- 5.12 朗姆酒出品标准 / 079
- 5.13 龙舌兰出品标准 / 080
- 5.14 威士忌出品标准 / 081
- 5.15 白兰地出品标准 / 082
- 5.16 利口酒出品标准 / 083
- 5.17 香槟/起泡酒出口标准 / 084
- 5.18 白葡萄酒出品标准 / 084
- 5.19 红葡萄酒出品标准 / 085

087 | 第 6 章
宴会厅

- 6.1 桌套/桌裙/椅套标准 / 088
- 6.2 会议工具盒标准 / 089
- 6.3 贵宾休息室布置标准 / 090
- 6.4 剧院式会议室布置标准 / 091
- 6.5 课桌式会议室布置标准 / 092
- 6.6 U 形式会议室布置标准 / 093
- 6.7 回字形式会议室布置标准 / 094
- 6.8 董事会会议室布置标准 / 095

097 第 7 章 市场销售部

- 7.1 客户接待标准流程 / 098
- 7.2 客户拜访标准流程 / 101

103 第 8 章 保安部

- 8.1 酒店门口工作标准 / 104
- 8.2 消控室工作标准 / 105
- 8.3 电梯困人工作标准流程 / 106
- 8.4 员工通道工作标准 / 108
- 8.5 酒店安全检查工作标准 / 111
- 8.6 消防设施使用工作标准 / 113

117 第 9 章 人力资源部

- 9.1 应聘流程 / 118
- 9.2 入职流程 / 122
- 9.3 离职手续办理流程 / 124
- 9.4 仪容仪表 / 127

131 第 10 章 工程部

客房保养标准操作流程 / 132

第 1 章　前厅部

1.1 前台办理入住标准流程

1 客人走向前台时,根据五步十步法则(五步问好,十步微笑)向客人微笑致意并问候:"先生您好!欢迎光临,请问有什么可以帮您?"

2 询问客人是否有预订:"先生,请问您有预订吗?"

3 当客人确定有预订时,双手给客人递上热毛巾:"先生您一路辛苦了,请用热毛巾。"

4 和客人确认具体的预订信息:"先生,跟您确认一下您的预订信息,您预订了一间XX房,住XX晚。"

第 1 章 前厅部

5 向客人收取有效证件:"先生,请出示您的身份证。"

6 在计算机中查询到客人的会员信息后,首先识别客人的会员身份并告知其相应会员礼遇:"XX 先生,您是我们尊贵的 XX 会 XX 卡会员,您可以享受的待遇有 XX。"如果客人不是会员,则邀请客人加入 XX 会:"XX 先生,我邀请您成为洲际酒店优悦会的会员,只需要留下您的手机号码和电子邮箱就可以。"

7 请客人在入住登记单上签字确认:"XX 先生,这是您的房价和早餐信息,请确认无误后在旁边签字!"

8 双手给客人递笔(使用印有酒店标志的笔)。

9 向客人收取押金:"XX 先生,押金一共需要交 XX 元,请问您怎么支付?"

10 请客人在押金单上签字确认:"XX 先生,这是您的押金单,请您签字确认。"

11 双手给客人递送房卡:"XX 先生,这是您的房卡,有任何问题需要帮助请拨打电话'0',电梯在您的右手边,祝您入住愉快!"

12 保持微笑并目送客人离开。

第1章 前厅部

1.2 前台办理退房标准流程

1 客人走向前台时,根据五步十步法则(五步问好,十步微笑)向客人微笑致意并问候:"先生您好!请问有什么可以帮您?"

2 在结账前感谢客人的入住并向客人收回房卡:"先生,感谢您的入住,请出示一下您的房卡。"

3 通知客房部查房。

4 与客人确认酒水消费,并询问客人:"请问您有使用小冰箱内的酒水饮料吗?"

5 询问客人是否清空房间内的保险箱:"XX 先生,请问您房间的保险箱是否已清空?"

6 询问客人入住感受:"XX 先生,请问您这次入住对我们的房间和服务满意吗?还有什么好的意见和建议吗?"

7 打印账单并双手递送给客人确认消费:"XX 先生,这是您的账单,请您确认无误后在下面签字。"

8 结账操作。如客人使用信用卡结账,则做预授权完成或刷卡消费;如客人使用现金结账,则退还多余押金。

9 询问客人是否需要开发票:"XX 先生,请问您是否需要开具发票?"

10 将准备好的账单和发票装入信封并双手递送给客人:"XX 先生,这是您的账单和发票。"

第 1 章　前厅部

11 询问客人是否还有其他需要帮忙的事情："××先生，请问还有其他问题吗？需要帮您叫出租车吗？"

12 保持微笑并目送客人离店："先生，再见！欢迎下次光临！"

第 2 章　客房部

2.1 客房清扫标准流程

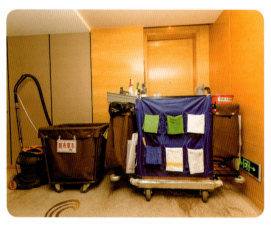

1 将工作车、脏布草车、吸尘器呈一条直线依次摆放在房间门口,工作车距房门10厘米。

2(1) 站在房门正中距房门一步处,确认房门外没有挂"请勿打扰"牌或打开"请勿打扰灯"后敲门,报两次英文"Housekeeping",一次中文"服务员",按两次门铃。

2(2) 将房门打开至30°,再次报身份。

3 打开房门,将门堵堵在房门下方。

第 2 章 客房部

4(1) 在工作表上填写进房时间。

4(2) 清洁有入住的客房时，在门把手上挂上清扫牌后将房门锁闭进行清扫。

5 拉开房间窗帘。

6 打开窗户通风。

7 关闭房间电源。

8(1) 带上塑胶手套收出房间垃圾。

8（2）将房间已经使用过的杯具放入脏杯具收集桶。

8（3）将卫生间已用巾类收出。

9（1）撤出床铺脏布草。

9（2）按照铺床程序铺床，整理床铺，使其平整、美观、挺括。

10（1）用规定的干、湿抹布由上至下顺时针或逆时针进行房间擦尘。

10（2）衣柜内擦尘，清点衣架并调整好保险箱。

第 2 章 客房部

10（3）擦拭迷你吧并检查酒水日期。

10（4）擦拭电视柜。

10（5）清洗加湿器。

10（6）擦拭书桌周围。

10（7）擦拭书桌转椅。

10（8）窗台、窗框除尘。

10（9）清洁沙发边缝并整理沙发。

10（10）擦拭沙发后的镜面。

10（11）擦拭落地灯并检查电源。

10（12）对床头柜进行擦尘并摆放整理。

10（13）调试音响。

10（14）擦拭卫生间与房间隔断。

第 2 章 客房部

11（1）清洁卫生间，喷洒中性清洁剂，用浴缸刷刷洗浴缸并冲洗。

11（2）擦拭浴缸花洒支架。

11（3）用配比好的消毒水喷洒浴缸。

11（4）用专用抹布擦干浴缸。

12（1）淋浴间喷洒多功能清洁剂。

12（2）从上至下刷洗淋浴间大理石墙面。

12（3）刷洗淋浴间玻璃门面。

12（4）刷洗淋浴间防滑垫。

12（5）用清水冲洗淋浴间大理石墙面。

12（6）冲洗淋浴间地漏下水处，并随时做好局部除垢。

12（7）对淋浴间墙面进行刮水处理。

12（8）擦拭晾衣盒。

第 2 章　客房部

12（9）擦拭淋浴间花洒支架。

12（10）擦拭淋浴间大理石地面。

13（1）给马桶喷洒多功能清洁剂。

13（2）刷洗马桶。

13（3）用专用抹布擦拭马桶。

13（4）用配比好的消毒水对马桶进行消毒。

14 清洁三连门玻璃。

15（1）给面盆喷洒中性清洁剂。

15（2）刷洗面盆。

15（3）用清水将面盆冲洗干净。

15（4）用配比好的消毒水对面盆进行消毒处理。

15（5）用专用抹布擦干面盆。

15（6）由上至下擦拭卫生间镜面。

15（7）清洁玻璃门。

16（1）清洁垃圾桶。

16（2）卫生间地面抹尘。

17（1）补充卫生间布草。

17（2）配房间耗品。

18（1）地毯吸尘。

18（2）去掉吸尘器头，用吸管对地毯边缝吸尘。

18（3）对卫生间大理石地面吸尘。

19（1）关好窗户。

19（2）拉上纱帘。

20　环视房间，确定无遗漏。

21 抽出取电卡,关闭房门。

22 退出房间后在工作表上填写出房时间、配备物品数量及工程问题。

客房杯具清洗消毒标准流程

1 将房间收出的脏杯具放于消毒间进行清洁消毒。

2 用杯刷清洁杯具并冲洗。

3 用专用净布擦拭杯具。

4 清洗后的杯具放到消毒柜中，进行 20 分钟的红外线消毒。

5 把消毒后的杯具放到保洁柜中存放（存放时间不超过 48 小时）。

6 清洁房间前从保洁柜中将干净杯具放到杯具周转箱中备用。

2.3 客房物品摆放标准

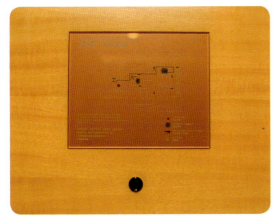

1 猫眼盖可以正常闭合。

2 房间防盗扣能够正常使用。

3 客房门把手牌依次垂直悬挂早餐菜单、"请打扫房间"牌和"请勿打扰"牌,纸面无褶皱、无污渍。

4 防烟面罩和衣柜隔板边缘平齐,右侧紧靠木质。

5 熨斗线缠绕整齐，放在熨斗架内，烫衣板悬挂在熨斗架挂钩处。

6 洗衣单夹挂在衣柜内，夹内洗衣单和洗衣袋保持无褶皱、无污渍。

7 衣架从右至左依次摆放，雨伞卡正面朝外挂于雨伞把手处。

8 浴袍卡无褶皱和污渍，浴袍折叠美观，干净整洁。

9 鞋盒位于衣柜左下方，前方和左侧距边缘5厘米，盒内居中摆放鞋盒纸，鞋撑左右摆放在鞋盒两侧，鞋拔正面朝上，摆放在左边鞋撑处，擦鞋布和擦鞋棉依次上下摆放。

10 购物袋居中摆放，底边与木质边缘平齐。衣刷摆放在鞋柜第二层左侧。

第 2 章　客房部

11　拖鞋摆放在鞋柜最下方居中位置，鞋尖朝外，两鞋间距为 1 厘米。

12　迷你吧上方杯具摆放在杯垫上，从左至右依次为两个红酒杯、两个直升杯和两个古典杯，左右两侧距柜边 1 厘米，前方距边缘 4 厘米，杯盖和杯垫的店标正面朝上。

13　迷你吧台卡英文朝外，居中摆放。

14　迷你吧酒水名称正面朝外，居中放于冰箱隔档，侧面酒水依次摆放。

15　抽屉内酒水名称正面朝上，依次摆放。

16　杯垫纸呈菱形摆放，马克杯把手朝右方。咖啡勺和搅拌棒依次对角摆放在杯纸上。

17 烧水壶把手朝右,冰桶放于烧水壶右侧,前沿与托盘对齐,矿泉水放于冰桶后,免饮卡正面悬挂在瓶颈上,酒水单夹立起摆放在托盘右侧,茶叶盒摆放在酒水单夹前2厘米处,烧水壶提示卡摆在托盘前方居中位置。

18 人体秤放于吧台下方距离左侧柜体5厘米,前沿与柜体边缘平齐。

19 行李架摆放在电视柜右侧居中位置,扶手居中,布面干净无污渍。

20 装饰花瓶靠电视机方向摆放,间距为2厘米,底边平齐。加湿器距桌边3~5厘米,45°侧摆,喷气口朝室内。

21 服务指南和书刊架底边平齐摆放在书桌左侧,服务指南右边与书桌边缘平齐。台卡前沿平齐依次摆放,台历30°侧摆。

22 便签夹和电话机左侧靠边摆放,台灯、上网卡、文具盒、抽纸盒间距均等,底边成直线。大的便签夹摆放于文具盒下方2厘米处。

第 2 章 客房部

23 转椅距书桌边 15 厘米，转椅侧边不能碰到长条桌边。

24 垃圾桶放于书桌下方居中，店标朝外，底边距桌边 2 厘米。

25 沙发靠垫呈菱形居中摆放，拉链朝下，干净美观无污渍。圆形茶几与沙发扶手相距 10 厘米；圆形茶几边一侧和沙发边一侧平齐。

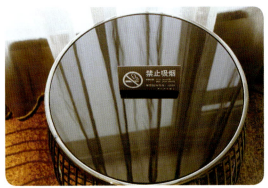

26 禁止吸烟台卡摆放在圆形茶几居中位置。

27 落地灯放于沙发后方居中位置，灯线缠绕在底盘上，两侧距镜面边和沙发边各 5 厘米，地面开关朝外。

28 便签夹和电话机左侧边缘平齐，台灯和环保卡右侧边缘平齐。遥控器和唤醒卡居中摆放。

29　被套翻边30厘米，大床床尾侧搭，抱枕放于翻边下居中位置，拉链朝下，标签朝里。

30　台灯和音响摆放在床头柜上，与柜边平齐，睡眠用品提示卡放于台灯前方5厘米处。

31　脏衣筐放于浴缸和三连门中间位置，筐身边缘与三连门平齐。

32　地垫两折，居中摆放，毛边朝里。

33　香皂和浴盐从左向右依次居中摆放。

34　浴缸龙头和花洒头朝向浴缸内，且把手垂直。

第 2 章 客房部

35 面包电话机线整齐地挂于机身,扩音喇叭开关对向零刻度位置。

36 垃圾桶放于马桶与墙面中间位置。卫生袋摆放在水箱居中位置,卷纸架光亮干净、无污渍,卷纸折叠成三角形。

37 地巾挂于浴室门把手居中位置,毛边朝里,干净无污渍。

38 晾衣盒光亮无污渍。

39 淋浴间手持花洒45°转向墙内,表面光亮无水渍。

40 洗发水、护发素、沐浴液依次摆放于大理石台居中位置,三者间隔为1厘米。

41 防滑垫立起摆放在花洒下方对角处，折卷整齐且干净无污渍。

42 方巾折卷美观均匀，相错居中摆放。环保卡摆放在方巾上方居中位置，距墙面1厘米。

43 面盆干净无污渍，龙头把手向下垂直，光亮干净。

44 耗品盒上方摆放漱口杯，杯盖店标正面朝上。洗发水、护发素、沐浴液、润肤露依次摆放。花瓶水位线为花瓶高度的1/3，瓶壁无水垢。距耗品盒边5厘米，皂碟摆放在花瓶下方距离面盆边10厘米。

45 化妆镜端正摆放，且干净无污渍。

46 垃圾桶放于面台左下角，左边外露面台一半，前沿与面台边平齐。

第 2 章 客房部

47 布草架从左至右依次居中摆放中巾、浴巾和吹风机，巾类毛边相对，风筒袋边对折，店标正面朝上。

48 套房工艺品摆放在玄关居中位置。

49 套房三人沙发靠垫呈菱形依次居中摆放，布面干净美观。

50 无烟楼层套房遥控器和抽纸盒相距 5 厘米，圆形茶几居中摆放，免费矿泉水摆放于左侧，距抽纸盒边 2 厘米，下方与抽纸盒平齐，禁烟卡在免费矿泉水下方 5 厘米处。

51 套房客厅长桌依次从左至右摆放台历、书刊架、上网卡、工艺花瓶。

52 套房客厅休闲椅 45°摆放于右边窗角处。

53 套房会客椅45°摆放在书桌前方，距书桌边15厘米。会客椅布面干净无污渍。

54 套房小卫生间面盆龙头把手向下垂直，光亮无污渍。方巾十字相搭呈45°摆放在左下方，皂碟在面盆与墙中心摆放，上沿与面盆边平齐。

55 套房购物袋侧放与柜边平齐，左侧摆放衣刷。

56 套房浴帘降至一半，干净无污渍。

57 套房大卫生间镜面遥控器夹摆放于面台右下方，方巾十字相搭呈45°摆放。花瓶位于方巾后方。

58 套房卫生间耗品盒居中摆放距墙5厘米，皂碟摆放于耗品盒下方，两者相距5厘米，皂碟干净无污渍。

第 2 章 客房部

59 套房耗品盒内专用物品依次摆放，名称正面朝上。

60 套房音响靠后居中摆放，使用说明书英文朝上左边摆放，干净无褶皱。

61 睡眠用品提示卡和环保卡左侧边缘平齐摆放，遥控器居中摆放，便签夹和电话机右侧边缘平齐摆放。唤醒卡和 USB 充电器摆放在电话和睡眠用品提示卡中间。

62 套房西装架呈 45°摆在卧室窗户左侧，两侧边距墙 10 厘米。

63 套房夹裤器和加湿器摆放在卧室电视柜左边，电源线缠绕于后方挂钩处，夹裤器距电视柜边 15 厘米，加湿器距夹裤器 15 厘米，距后面墙面 10 厘米。

64 被套翻边 30 厘米，小床两尾角侧搭，抱枕放于翻边下居中位置，拉链朝下，标签朝里。

65 双床房睡眠用品提示卡摆放在电视柜左侧，后方距电视墙 5 厘米，左下角与柜边平齐。

第 3 章　餐饮部·西餐厅

3.1 早餐服务标准流程

1 准备工作

迎宾员必须站立在迎宾台外侧，面向客人的方向。

2 欢迎及问候客人

（1）迎宾员在客人距离餐厅门口十步距离时与客人有目光接触并保持微笑。

（2）30秒内问候客人。

3 确认客人房号

（1）跟客人确认房间号并确认客人是否为会员。

（2）如是会员，则要将客人带到会员区就坐。

（3）引领途中确认房号。

4（1）引领客人入座

（1）面带微笑，并根据客人喜好为其安排座位。

（2）以适中的速度在客人左前方1米左右的距离引领客人，并与客人愉悦地交流直至客人入座。

第 3 章 餐饮部·西餐厅

4（2）引领客人入座
（1）当到达座位后，将椅子拉开距离餐桌 20 厘米，以便客人有足够的空间入座。
（2）当客人坐下时，慢慢将椅子推回至椅子边缘与餐桌边缘在同一个平面，为客人提供一个舒适的就餐距离。
（3）女士优先。

5 询问客人所需饮品
（1）面带微笑询问客人，仔细聆听并记录客人所需饮品。
（2）跟客人重复他（她）所需要的饮品是否正确。
（3）询问客人是否还有其他需要。

6 为客人提供咖啡/茶
（1）在干净的服务托盘上放置咖啡杯/茶杯、糖缸和奶缸。
（2）走近客人餐桌。站在客人的右侧服务，把客人所需饮品放置在客人右手边。
（3）祝客人用餐愉快。

7（1）咖啡、茶出品服务标准
咖啡杯杯把朝向四点钟位置，茶勺放在咖啡杯/茶杯后面，勺柄向右与杯把平行。

7（2）咖啡、茶出品服务标准

把糖缸和奶缸放在桌子的中间，糖缸在左边，奶缸在右边。

早餐摆台标准

糖缸：黄糖8包、白糖8包、健怡糖5包。

餐具包：筷子、主餐刀、主餐叉、主餐勺。

推广牌。

餐巾纸10张。

面包碟。

早餐标准摆台。

8 清理客人餐桌
（1）站在客人右侧，面带微笑提示客人并撤换餐盘。
（2）清理餐桌，撤走餐桌上脏的餐具和不需要的器皿，使用服务托盘清理。当餐桌上的所有餐具都被收走时，始终保持客人的餐桌上有一杯冰水。

9 询问客人用餐感受
（1）在客人用完餐后向客人询问用餐感受。
（2）将客人用餐感受记录下来告知当班主管或经理。

10 送别客人
（1）当客人起身时，帮助客人拉椅子，女士或长者优先。
（2）提醒客人注意随身携带的物品，确保没有遗留，主动帮助客人穿外套或大衣。
（3）感谢客人并道别，欢迎客人再次光临。

3.2 午(晚)餐服务标准流程

1 准备工作
(1)了解当日预订信息。
(2)迎宾员必须站立在迎宾台外侧,面向客人的方向。

2 欢迎及问候客人
(1)迎宾员在客人距离餐厅门口十步距离时,与客人有目光接触并保持微笑。
(2)30秒内问候客人。
(3)使用清晰、适中的语速和愉悦的语调,并面带微笑。

3 确认客人信息
(1)有预订的客人,核对预订信息并将客人带领至对应的座位。
(2)无预订的客人,询问客人的姓氏,根据客人的喜好为其安排座位(餐位有空余)。

4 引领客人
以适中的速度在客人左前方1米左右的距离引领客人,并与客人愉悦地交流直至客人入座。

第 3 章 餐饮部·西餐厅

5 拉椅服务
（1）当到达座位后，将椅子拉开距离餐桌 20 厘米，以便客人有足够的空间入座。
（2）当客人坐下时，慢慢将椅子推回至椅子边缘与餐桌边缘在同一个平面，为客人提供一个舒适的就餐距离。
（3）女士优先。

6 介绍自助餐
（1）在 30 秒内清楚地介绍当月推广菜品及特别推荐菜品。
（2）确认客人买单方式后轻声地离开餐桌并祝客人用餐愉快。

7 与收银交接
与收银交接好客人人数、座位及买单方式。

8 客人用餐过程中
（1）始终留意客人，确保他们在你的视线范围内，以便随时为他们提供服务。
（2）及时为客人清理餐桌上的垃圾及空盘。

041

9 询问客人用餐感受

（1）在客人用完餐后向客人询问用餐感受。

（2）将客人用餐感受记录下来告知当班主管或经理。

10 为客人呈递账单

（1）站在客人的右手边："XX 先生/女士，这是您的账单。" 同时打开账单夹。

（2）将圆珠笔放在账单夹旁，并指出金额。除非客人要求，否则不要说出具体金额。

11 为客人结账

（1）根据客人的结账方式为其结账并询问客人是否需要开发票。

（2）如需开发票，则根据客人要求开好发票并递送给客人。

12 送别客人

（1）提醒客人注意随身携带的物品，确保没有遗留，主动帮助客人穿外套或大衣。

（2）感谢客人并道别，欢迎客人再次光临。

午（晚）餐摆台标准

纸巾：10张。　　水杯。　　口布。　　面包碟。

餐具：筷子、主餐刀、主餐叉、主餐勺。

午（晚）餐标准摆台。

3.3 零点服务标准流程

1 引领客人

以适中的速度在客人左前方1米左右的距离引领客人，并与客人愉悦地交流直至客人入座。

2 问候客人

（1）迎宾员将客人引领至座位后，服务员先微笑跟客人问好。
（2）服务员为客人倒上一杯柠檬水。

3 为客人呈递菜单

（1）准备菜单并确保封面和内页干净、整洁、无破损。
（2）服务员站在客人右手边（视情况而定），面带微笑，将菜单打开至第一页呈递给客人："XX先生/女士，您好，这是我们的菜单。"
（3）适当地为客人介绍当月的特别推荐菜品。
（4）主动告知客人当日沽清项目并为其推荐菜式。

4 为客人点单

（1）仔细倾听并将点单内容记录在点单本上。
（2）在点单期间提供合适的建议，推荐餐厅促销菜品。
（3）询问客人对菜品的特别要求，如口感、原料，并记录在纸上。
（4）为客人重复点单内容并告知客人准备菜品大约所需要的时间。
（5）征得客人同意后收回菜单并感谢客人。

5 将点单内容入单

（1）将所点餐食输入电脑,用于账单记录,并在相关吧台输出打印。

（2）酒水单副联需保留在点单夹上,或放在出品台上。

6 为客人更换餐具

根据客人所点菜品将客人餐具按标准更换好。

7 给客人提供食品

面带微笑,走到客人右侧:"您好,XX 先生/女士,这是您点的 XX。"

8 离开餐桌

"XX 先生/女士,请慢用。"然后轻声离开餐桌。

9 为客人呈递账单

（1）站在客人的右手边："XX 先生/女士，这是您的账单。" 并打开账单夹。

（2）将圆珠笔放在账单夹旁，并指出金额。除非客人要求，否则不要说出具体金额。

结账方式

刷卡：首联给客人签字收回，第二联给客人。

团购：仔细将团购号码记录下来，并且验证及做好登记。

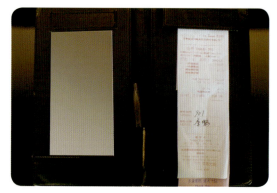

挂房账：先确认客人房间是否可以挂账，账单需要客人签字。

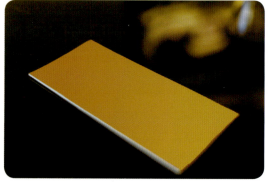

爱仕卡：取到客人的储值卡刷去相对应的金额，将结账联第二联及卡给客人。

第3章 餐饮部·西餐厅

现金：收到现金辨别真伪后给客人找零。

开发票：仔细核对发票抬头，为客人开发票，并将带有印章的一联给客人。

10 为客人结账
（1）根据客人的结账方式为其结账，并询问客人是否需要开发票。
（2）如需开发票，则根据客人要求开好发票递送给客人。

11 询问客人用餐感受
（1）在客人用完餐后向客人询问用餐感受。
（2）将客人的用餐感受记录下来告知当班主管或经理。

12 送别客人
（1）提醒客人注意随身携带的物品，确保没有遗留，主动帮助客人穿外套或大衣。
（2）感谢客人并道别，欢迎客人再次光临。

047

第 4 章　餐饮部·送餐服务

4.1 点餐标准

1 接听电话

（1）电话铃响三声之内必须接起。

（2）热情礼貌并清晰地问候。

2 为客人点单

（1）记录客人的房间号、点单时间、所点菜品及特殊要求。

（2）重复客人点单内容及特殊要求，并告知客人食品制作所需时间。

3 输入点单

（1）将客人房间号作为台号输到账单上。

（2）将客人所点内容输入到电脑系统里。

4.2 菜品出品时间标准

沙拉：15 分钟。

汤：15 分钟。

三明治类：20 分钟。

汉堡类：20 分钟。

亚洲美食：20 分钟。

意粉：15 分钟。

扒类：20 分钟。

小吃类：15 分钟。

披萨：15 分钟。

甜品：20 分钟。

面食：15 分钟。　　　　　　　　　　冰淇淋：15 分钟。

4.3 送餐摆台标准

 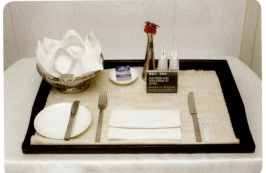

1 中式摆台

筷子、瓷勺、骨碟、胡椒/盐瓶、收餐卡、口布、牙签、花瓶/鲜花。

2 西式摆台

正餐刀叉、面包碟、黄油刀、面包篮、黄油碟、胡椒/盐瓶、收餐卡、口布、牙签、花瓶/鲜花。

3 欧陆式早餐摆台

（1）正餐刀叉、正餐勺、面包碟、黄油刀、面包篮、黄油碟、果酱碟、咖啡杯/咖啡勺、咖啡壶。

（2）奶缸/糖缸、果汁杯、胡椒/盐瓶、收餐卡、花瓶/鲜花、口布、牙签。

4 美式早餐摆台

（1）正餐刀叉、正餐勺、沙拉刀叉、面包碟、黄油刀、面包篮、黄油碟、果酱碟、咖啡杯/咖啡勺。

（2）咖啡壶、奶缸/糖缸、果汁杯、胡椒/盐瓶、收餐卡、花瓶/鲜花、牙签、口布。

5 健康能量早餐摆台

（1）正餐刀叉、沙拉刀叉、面包碟、黄油刀、面包篮、黄油碟、果酱碟、咖啡杯/咖啡勺、茶壶。

（2）奶缸/糖缸、果汁杯、胡椒/盐瓶、收餐卡、花瓶/鲜花。

6 中式托盘摆台

筷子、瓷勺、骨碟、胡椒/盐瓶、收餐卡、花瓶/鲜花、口布、牙签。

7 零点咖啡摆台

咖啡壶、咖啡杯、咖啡勺子、两块曲奇饼干、糖缸/奶缸、收餐卡、花瓶/鲜花。

8 零点软饮摆台

玻璃杯、杯垫、杯盖、吸管、搅棒、收餐卡、花瓶/鲜花等。

4.4 送餐标准

1（1） 准备送餐时
（1）保持托盘/餐车的平衡。
（2）核对房间号码是否与账单一致。

1（2） 准备送餐时
确定房间状态（如果是"请勿打扰"状态，请致电送餐接单员）。

2（1） 按门铃标准
（1）在离门 0.6 米的位置直立，正对猫眼轻轻地按门铃一下。
（2）面带微笑，礼貌地说："您好，送餐服务。"

2（2） 按门铃标准
（1）等待 30 秒后再按第二次，如果按门铃三次后，客人没有回应，通知接单员致电客人，并等候接单员的下一步通知。
（2）看到"请勿打扰"时不能按门铃，通知接单员致电客人。

第 4 章 餐饮部·送餐服务

3（1） 客人开门
对客人说"早上好/中午好/晚上好，XX 先生/女士（称呼客人姓名），这是您的点单，我可以进来吗？"

3（2） 客人开门
记得协助客人打开房门。

4（1） 进门后的标准
（1）确定送餐车/托盘的摆放位置。
（2）对客人说"打扰一下，XX 先生/女士，您喜欢将托盘/送餐车摆放在哪里？"

4（2） 进门后的标准
摆放托盘，确保安全地摆放在桌上/茶几上，不要放在桌子/茶几的边缘。

5(1) 提供服务

送餐车服务如下：打开餐车，摆放餐具和食品，从热盒中取出食品。并提醒客人小心烫。揭开食品盖，介绍菜品："XX 先生/女士，这是 XX，请慢用。"

5(2) 提供服务

询问客人是否有其他需要："还有什么可以帮到您吗？"

6 呈递账单

（1）打开账单，将笔递给客人。
（2）告知客人收餐程序。

7 跟客人道别

（1）"谢谢您，请您慢用，祝您用餐愉快。"
（2）面向客人，面带微笑，轻轻关上房门。

4.5 收餐标准

1 房间内

询问客人能否收餐。

2 收餐服务标准

（1）拉餐车时，面向客人，面带微笑。

（2）轻轻关上房门说："非常感谢 XX 先生/女士，祝您有愉快的一天，晚安。"

3（1）房间外

餐盘放于收餐架上。

3（2）房间外

直接收走。

第5章　餐饮部·大堂吧

5.1 大堂吧服务标准流程

1 准备工作
（1）确保服务员的仪容仪表符合酒店标准。
（2）服务员必须站立在吧台外侧，面向客人的方向。

2 建立目光接触
（1）服务员在客人距离大堂吧门口十步远时，与客人有目光接触并保持微笑。
（2）在与客人距离五步远时问候客人。
（3）30秒内面带微笑问候客人。

3（1）引领客人入座
（1）面带微笑，向客人问好，并根据客人喜好为其安排座位。
（2）以适中的速度在客人左前方1米左右的距离引领客人，并与客人愉悦地交流，直至客人入座。对常客或回头客，适当提及大堂吧当月促销产品。

3（2）引领客人入座
（1）当到达座位后，将椅子拉开距离桌子20厘米，以便客人有足够的空间落座。当客人坐下时，慢慢将椅子推回至桌子边缘，并与桌子边缘在同一个平面，为客人提供一个舒适的入座距离。
（2）如有女士出席，应先服务女士就坐，然后服务男士就坐。

4 为客人呈递酒水单

（1）准备酒水单，并确保酒水单的封面和内页干净、整洁、无破损。

（2）服务员站在客人右手边，面带微笑，将饮料单打开至第一页呈递给客人并用舒适的语言，例如："XX 先生 / 女士，您好，这是我们的酒水单。"

（3）适当地为客人介绍当月的特别推荐饮品。

（4）主动告知客人当日沽清项目并为其推荐饮品。

5 为客人点单

（1）仔细倾听并将点单内容记录在点单本上。

（2）在点单期间提供合适的建议，推荐大堂酒廊酒水促销项目。

（3）询问客人对酒水的特别要求，如口感、原料，并记录在纸上。

（4）为客人重复点单内容，并告知客人准备酒水大约所需要的时间。

（5）征得客人同意后收回酒水单，并感谢客人。

5.2 葡萄酒服务标准

确认酒水温度

（1）红葡萄酒的温度保持在 12~18℃。

（2）白葡萄酒的温度保持在 8~12℃。

检查开瓶器。

核对葡萄酒品牌及年份。

白葡萄酒需要放入冰桶保存

（折好的酒水服务巾放在冰桶上）。

1（1） 向客人展示葡萄酒

（1）从客人右手边展示葡萄酒（酒标朝向客人）。
（2）左手放在瓶底的杯状凹陷处，酒瓶靠在前臂上，酒标朝向客人。

1（2） 向客人展示葡萄酒

可以说："XX 先生/女士，这是您点的 XX 年的 XX 酒（酒庄名称 + 葡萄酒名称），现在可以为您打开吗？"

第5章 餐饮部·大堂吧

2（1）开葡萄酒
（1）在瓶口凸起的下沿处用开瓶器切开铝皮。
（2）用手拿住瓶颈，划一周，最多划两次。
（3）撕掉铝皮，放在口袋里。
（4）将开瓶器的螺丝插入木塞中心，慢慢顺时针旋转直到螺丝转入 3/4 处。
（5）左手握住瓶颈，用开瓶器将木塞轻轻撬起，直到 3/4 的木塞露出瓶口。
（6）用手轻轻地将木塞拔出，避免发出声音。

2（2）开葡萄酒
（1）用餐巾擦拭瓶口，将木塞放在准备好的服务碟上呈递给点酒的客人，开瓶器装入口袋内。
（2）开葡萄酒的过程中不可以转动葡萄酒瓶。

3 为客人倒葡萄酒
（1）客人确认后沿顺时针方向，按女士优先的顺序给客人倒酒。
（2）每次倒酒后，要轻轻地提起酒瓶口并转动，以避免酒滴落。
（3）用餐巾轻拭瓶口。

4 试酒
酒标对着客人为点酒的客人倒 10 毫升的量作为试酒。

5 离开餐桌

（1）将剩余的红葡萄酒放置在桌子上，酒标朝向客人。

（2）将剩余的白葡萄酒放回冰桶内，轻声离开餐桌。

（3）面带微笑并祝客人饮用愉快。

 饮品服务标准

1 向客人确认饮品

面带微笑，走到客人右侧问候客人，例如："XX先生/女士，这是您点的XX，现在可以为您打开吗？"

2 得到客人确认后为其提供饮品服务

（1）听装饮料需当客人面在托盘内开启，瓶装饮料可提前将瓶盖打开后再轻轻扣回，得到客人确认后在客人面前打开。

（2）服务时手始终握住杯身的下半部分或底部。将客人所点饮料、杯垫及酒杯放在客人的正前方。

（3）将饮料或酒水倒入杯中后，剩余的饮料或酒水应放在客人玻璃杯的左方，商标朝向客人（若无剩余饮料，将空瓶放在托盘内）。面带微笑，并示意客人可以享用。

第 5 章 餐饮部·大堂吧

3 离开餐桌
使用舒适的语言问候客人，例如："XX 先生/女士，请慢用。"然后轻声离开餐桌。

5.4 结账服务标准流程

1（1） 将点单内容入单
将所点饮品输入电脑，用于账单记录，并在相关吧台输出打印。

1（2） 将点单内容入单
酒水单副联需保留在点单夹上，或放在服务车/服务工作柜上。

067

2 向客人呈递账单

3 微笑目送客人离开

5.5 酒水出品标准

干姜水

直升杯、杯垫、吸管、加4块冰。

椰汁、红牛

直升杯、杯垫、吸管。

第 5 章　餐饮部·大堂吧

可口可乐、雪碧、零度可乐、苏打水、汤力水
直升杯、1 片柠檬片、加 4 块冰、杯垫、吸管。

鲜榨果汁
直升杯、搅棒、吸管、杯垫。

矿泉水
直升杯、杯垫。

含气矿泉水
直升杯、杯垫、1 片柠檬片。

啤酒
冰啤酒杯、杯垫、花生米。

5.6 热饮出品标准

特浓咖啡单份/双份

特浓咖啡杯、特浓咖啡底碟、曲奇饼干、特浓咖啡勺、糖缸。

现磨咖啡、低咖啡因咖啡

咖啡杯、咖啡底碟、糖缸、曲奇饼干、咖啡勺、奶缸。

卡布奇诺

拿铁咖啡杯、拿铁咖啡底碟、曲奇饼干、咖啡勺、糖缸。

拿铁咖啡

热饮杯、咖啡底碟、曲奇饼干、咖啡勺、糖缸。

第 5 章　餐饮部 · 大堂吧

热牛奶
拿铁咖啡杯、拿铁咖啡底碟、曲奇饼干、咖啡勺、糖缸。

热巧克力
拿铁咖啡杯、拿铁咖啡底碟、曲奇饼干、咖啡勺、糖缸。

爱尔兰咖啡、椰香咖啡、墨西哥咖啡、百利咖啡
热饮杯、咖啡底碟、曲奇饼干、咖啡勺、糖缸。

5.1 高级茶出品标准

英式早餐茶、伯爵茶、大吉岭春茶

西式茶壶、拿铁咖啡杯、奶缸/糖缸、拿铁咖啡底碟、咖啡勺。

果味甘菊茶、茉莉花茶、奶香甜

西式茶壶、拿铁咖啡杯、拿铁咖啡底碟、咖啡勺、糖缸。

中式绿茶

隔热玻璃杯、杯垫。

中式红茶、普洱茶（杯）

玻璃滤网茶杯、杯垫。

中式红茶、普洱茶（壶）
玻璃茶壶，双层功夫小茶杯，茶垫。

中式花茶
玻璃公道杯，双层功夫小茶杯，茶垫。

5.8 开胃酒出品标准

名称	展示	规格	饮用方法	服务跟配	器皿
金巴利		1盎司（1盎司=28.35克）	净饮	无	古典杯
		1盎司	加冰	配柠檬片、4块冰	古典杯
		1盎司	混饮	混饮橙汁时配橙片	直升杯
		1盎司	混饮	混饮苏打水时配青柠檬片、4块冰	分酒器 / 搅棒
马天尼 干/白/红		1盎司	净饮	净饮马天尼干时配清水橄榄	马天尼杯
			加冰	配柠檬片、4块冰	古典杯

（续）

名称	展示	规格	饮用方法	服务跟配	器皿
马天尼 干/白/红		1盎司	混饮	混饮雪碧时配半块柠檬片、4块冰	直升杯 / 分酒器 / 搅棒
飘仙1号		1盎司	净饮	无	利口酒杯
			加冰	4块冰	古典杯
潘洛		1盎司	净饮	配冰水	利口酒杯
			加冰	4块冰，配冰水	古典杯

（续）

名称	展示	规格	饮用方法	服务跟配	器皿
茴香甜		1 盎司	净饮	加3粒咖啡豆并配冰水	利口酒杯
			加冰	4块冰，配冰水	古典杯

5.9 雪莉酒出品标准

名称	展示	规格	饮用方法	器皿
安德列园主索雷拉特酿		1 盎司	净饮	利口酒杯

5.10 伏特加出品标准

名称	展示	规格	饮用方法	服务跟配	器皿
红牌伏特加 皇冠伏特加 天蓝伏特加 灰雁伏特加 雪树伏特加		1 盎司	净饮	无	烈酒杯
			加冰	4 块冰	古典杯
			混饮	混饮橙汁时配半片橙片、4 块冰 混饮苏打水 / 汤力水时配柠檬片、4 块冰	直升杯 分酒器 搅棒

5.11 金酒出品标准

名称	展示	规格	饮用方法	服务跟配	器皿
添加利 哥顿 必富达		1盎司	净饮	无	烈酒杯
			加冰	4块冰	古典杯
			混饮	混饮汤力水时配柠檬片、4块冰	直升杯 / 分酒器 / 搅棒

5.12 朗姆酒出品标准

名称	展示	规格	饮用方法	服务跟配	器皿
哈瓦那俱乐部 百家得白 摩根船长黑 美雅士黑		1盎司	净饮	无	烈酒杯
			加冰	4块冰	古典杯
			混饮	混饮可乐时配柠檬片、4块冰 混饮椰汁/菠萝汁时配4块冰	直升杯 分酒器 搅棒

5.13 龙舌兰出品标准

名称	展示	规格	饮用方法	服务跟配	器皿
奥米加银 奥米加金 豪帅银龙舌兰酒 豪帅金龙舌兰酒		1盎司	净饮	杯子沾盐后，柠檬角放在杯口上	烈酒杯
			混饮	混饮雪碧时配柠檬片、4块冰	直升杯 分酒器 搅棒

5.14 威士忌出品标准

名称	展示	规格	饮用方法	服务跟配	器皿
威士忌		1盎司	净饮	无	古典杯
			加冰	4块冰	古典杯
			混饮	混饮苏打水/可乐时配4块冰	直升杯 / 分酒器 / 搅棒

5.15 白兰地出品标准

名称	展示	规格	饮用方法	服务跟配	器皿
白兰地		1盎司	净饮	配冰水	白兰地杯
			加冰	4块冰	古典杯

5.16 利口酒出品标准

名称	展示	规格	饮用方法	服务跟配	器皿
金万利 君度香橙 百利甜酒 咖啡力娇 马利宝		1盎司	净饮	无	利口酒杯
			加冰	君度香橙/ 金万利 加冰饮用时 配柠檬片	古典杯
			混饮	混饮果汁/ 牛奶等， 配4块冰	直升杯 分酒器 搅棒

5.17 香槟/起泡酒出口标准

名称	规格	饮用方法	备注	器皿	冰桶图片
香槟 起泡葡萄酒	按瓶出售	冰饮	冰酒桶，白口布，冰酒桶里放 2/3 的冰，加 1/3 的水	郁金香杯	冰桶

5.18 白葡萄酒出品标准

名称	规格	饮用方法	备注	器皿	冰桶图片
白葡萄酒	按瓶出售	冰饮	冰酒桶，白口布，冰酒桶里放 2/3 的冰，加 1/3 的水	白葡萄酒杯	冰桶
	按杯出售		一瓶倒 5 杯，一杯 150 毫升		

5.19 红葡萄酒出品标准

名称	规格	饮用方法	备注	器皿
红葡萄酒	按瓶出售	冰饮	白口布 醒酒器	红葡萄酒杯
	按杯出售		一瓶倒 5 杯，一杯 150 毫升	醒酒器

第6章 宴会厅

6.1 桌套 / 桌裙 / 椅套标准

无破损、无污渍、无褶皱，确保每个桌套完全罩住桌体。

红色桌套

棕色桌套

灰色桌套

无破损、无污渍、无褶皱，确保每条桌裙整齐地围满整个桌沿，与桌面平齐且自然下垂。

红色桌裙

咖啡色桌裙

白色桌裙

无破损、无污渍、无褶皱，确保每个椅套完全罩住座椅整体。

红色椅套

金色椅套

白色椅套

6.2 会议工具盒标准

项目清单:

(1) 1个储存工具设备。

(2) A4纸垫(根据会议人数准备充足)。

(3) 3支白板笔(红色、蓝色、黑色)。

(4) 3支中性笔(红色、蓝色、黑色)。

(5) 2支荧光笔(玫红、橙色)。

(6) 1个订书器。

(7) 1盒订书针。

(8) 1个起钉器。

(9) 1把剪刀。

(10) 1盒回形针。

(11) 1个小闹钟。

(12) 2种便利贴纸。

(13) 1把尺子。

(14) 1支激光笔。

(15) 1个打孔机。

6.3 贵宾休息室布置标准

（1）沙发——平稳整洁无破损，整体居中相对应，突出主位。

（2）茶几——平稳整洁无破损，放置于两个沙发之间，与沙发相隔2厘米。

（3）茶杯——干净无破损，放置于茶几前端，距离前沿10厘米，杯把向内侧。

（4）热毛巾——干净无破损，放置于茶杯正后方5厘米处与茶几前沿平行。

（5）纸巾——酒店标配纸巾，折叠放入杯中，放置于茶几后沿中心位置。

（6）矿泉水——酒店标配水，放置于茶几后沿两侧与纸巾成直线，标志朝向正前方。

（7）水杯——干净无破损，放置在矿泉水的正前方，成直线，配酒店标志的杯垫及杯盖，标志朝向正前方。

6.4 剧院式会议室布置标准

（1）依据客人人数和台形图放置座位，整体居中、垂直、平行，保持模式一致。
（2）第一排桌子距离舞台不小于3米。
（3）主席桌与舞台边沿的间距为1.8米。
（4）主席桌的椅子按照客人要求摆放，或两人/桌（椅子间距45厘米），或三人/桌（椅子间距16厘米），均匀摆放。椅子应该保持为一条直线并与桌沿垂直，间距为30厘米。
（5）将主席桌一周围满客人选定颜色的桌裙，拉紧桌裙，确保紧凑、牢固。
（6）确保椅子横向和纵向相互对齐。
（7）椅子每排间距不小于60厘米。
（8）椅子并列间距不小于10厘米。
（9）预留消防安全通道间距不小于1.3米。

6.5 课桌式会议室布置标准

标准桌面摆台

（1）依据客人人数和台形图放置会议桌，整体居中、垂直、平行，保持模式一致。
（2）第一排桌子距离舞台不小于 3 米。
（3）每张桌子前后间距必须不小于 1.2 米，过道距离不小于 80 厘米。
（4）整体每排桌子应保持距离均等、成平行直线。
（5）预留消防安全通道间距不小于 1.3 米。
（6）在每张桌子上铺好桌套，确保每个桌套完全罩住桌体。
（7）两人/桌的椅子间距不小于 45 厘米，均匀摆放。
（8）三人/桌的椅子间距不小于 16 厘米，均匀摆放。
（9）椅子摆放在桌子等分中间位置，与桌沿相互垂直，确保椅子横向和纵向相互对齐，成平行直线。
（10）在每位客人的位置上放置一个皮质的会议套装，摆放在面对椅子的中间位置。
（11）在文具套盒左侧摆放糖盒，中间摆放矿泉水，右侧摆放玻璃杯，笔槽内摆放带酒店标志的圆珠笔或铅笔。
（12）糖盒、矿泉水、铅笔的商标或酒店标志朝向客人。
（13）将三页 A4 尺寸的纸整齐地摆放在垫纸板上。

6.6 U形式会议室布置标准

标准桌面摆台

（1）依据客人人数在会议室正中间用长方桌或长条桌联合组成U形，开口朝向领导或演讲人的位置。
（2）确保桌子表面整体水平，拼接无缝隙，同一排桌子应保持为一条直线。
（3）双U形桌子前后间距不小于1.2米。
（4）在每张桌子上铺好桌套，确保每个桌套完全罩住桌体。
（5）两人/桌的椅子间距不小于45厘米，均匀摆放。
（6）三人/桌的椅子间距不小于16厘米，均匀摆放。
（7）椅子摆放在桌子等分中间位置，与桌沿相互垂直，确保椅子相互对称，成平行直线。
（8）在每位客人的位置上放置一个皮质的会议套装，摆放在面对椅子的中间位置。
（9）在文具套盒左侧摆放糖盒，中间摆放矿泉水，右侧摆放玻璃杯，笔槽内摆放带酒店标志的圆珠笔或铅笔。
（10）糖盒、矿泉水、铅笔的商标或酒店标志朝向客人。
（11）将三页A4尺寸的纸整齐地摆放在垫纸板上。

6.7 回字形式会议室布置标准

标准桌面摆台

（1）依据客人人数在会议室正中间用长方桌或长条桌联合组成回字形。
（2）确保桌子表面整体水平，拼接无缝隙，同一排桌子应保持为一条直线。
（3）双回字形桌子前后间距不小于 1.2 米。
（4）在每张桌子上铺好桌套，确保每个桌套完全罩住桌体。
（5）两人/桌的椅子间距不小于 45 厘米，均匀摆放。
（6）三人/桌的椅子间距不小于 16 厘米，均匀摆放。
（7）椅子摆放在桌子等分中间位置，与桌沿相互垂直，确保椅子相互对称，成平行直线。
（8）在每位客人的位置上放置一个皮质的会议套装，摆放在面对椅子的中间位置。
（9）在文具套盒左侧摆放糖盒，中间摆放矿泉水，右侧摆放玻璃杯，笔槽内摆放带酒店标志的圆珠笔或铅笔。
（10）糖盒、矿泉水、铅笔的商标或酒店标志朝向客人。
（11）将三页 A4 尺寸的纸整齐地摆放在垫纸板上。

第 6 章 宴会厅

6.8 董事会会议室布置标准

标准桌面摆台

（1）依据客人人数使用指定专用董事会议厅。
（2）如无专用董事会议厅，也可用长方桌联合组成大会议桌。
（3）确保桌子表面整体水平，拼接无缝隙，同一排桌子应保持为一条直线。
（4）如使用组合会议桌，在每张桌子上铺好桌套，确保每个桌套完全罩住桌体，并将会议桌一周围满客人选定颜色的桌裙，拉紧桌裙，确保紧凑、牢固。
（5）两人 / 桌的椅子间距不小于 45 厘米，均匀摆放。
（6）三人 / 桌的椅子间距不小于 16 厘米，均匀摆放。
（7）椅子摆放在桌子等分中间位置与桌沿相互垂直，确保椅子相互对称，成平行直线。
（8）在每位客人的位置上放置一个皮质的会议套装，摆放在面对椅子的中间位置。
（9）在文具套盒左侧摆放糖盒，中间摆放矿泉水，右侧摆放玻璃杯，笔槽内摆放带酒店标志的圆珠笔或铅笔。
（10）糖盒、矿泉水、铅笔的商标或酒店标志朝向客人。
（11）将三页 A4 尺寸的纸整齐地摆放在垫纸板上。

第 7 章　市场销售部

7.1 客户接待标准流程

1 约定时间
（1）检查参观场地和预订情况，尽量避开酒店经营高峰。
（2）与客人约定一个双方都感觉方便的日期、时间。

2 准备工作
（1）准备好宣传资料、名片等销售工具。
（2）对客人所要经过的地方进行检查。
（3）将情况通知值班经理及各有关岗位。

3 迎候客人
（1）预计客人的到达时间，带好上述工具至前台迎候。
（2）着装得体、仪容端庄、落落大方、不卑不亢。
（3）携带纸笔，随时记录客人要求。

4 交换名片
与客人交换名片，尽量用姓氏称呼客人（整个访问过程用姓氏、职务称呼客人）。

5 带领客人参观

（1）向客人介绍行走路线，征求客人意见，并根据客人的需求及时进行调整。

（2）按参观路线进行参观，向客人介绍各类服务设施、营业时间、产品优势、销售政策等。

（3）帮助客人按电梯。

6 带领客人参观酒店河畔咖啡厅。

7 带领客人参观酒店客房。

8 带领客人参观宴会厅。

9 带领客人参观酒店会议室。

10 **与客人洽谈**

（1）如果客人有时间，请客人至三楼宴会洽谈室喝饮料并休息。

（2）对客人提出的意见和建议及时做好记录。

（3）如客人有意向签订协议，则按要求与之签订协议。

11 **与重要客户洽谈**

（1）如果客人是重要客户，请客人至行政酒廊喝饮料并休息。

（2）对客人提出的意见和建议及时做好记录。

12 **与客人告别**

（1）向客人致谢，并询问是否还有其他要求。

（2）将客人送出酒店大门。

（3）填写《销售工作详细报告》。

7.2 客户拜访标准流程

1 上门拜访客户，各类资料及宣传品要提前准备充分。穿着装束得体、仪容端庄、落落大方、不卑不亢。

2 与客人交换名片，尽量用姓氏和职务称呼客人。

3 向客人介绍酒店近期活动信息。

4 与客人商谈，对客人提出的意见和建议及时做好记录。

5 与客人告别并握手致意。

6 建立客户档案并存档,当天整理访问资料并填写《销售工作报告》。

7 定期与客人联系回访,了解生意线索,洽谈合作机会。

8 定期邀请客户到酒店用餐,维护客户关系。

第8章 保安部

8.1 酒店门口工作标准

1 门口标准礼仪

（1）正门门口保安员在无车辆的情况下，保持跨立姿势。

（2）必须做到"五步问好，十步微笑"。

2 车辆引导

当上坡道来车时，保安员必须提前做出反应，用上边图片中的正确姿势引导车辆停至指定区域。

3 帮助客人拉开车门

当车停稳后主动帮客人打开车门并向客人问好（在礼宾员不在的情况下，帮助客人拉行李）。

4 示意车辆停靠区域

当顾客离开车辆后，要督促车辆离开并停至指定的停车位置，确保正门车道畅通，以免发生堵塞和事故。

第 8 章　保安部

8.2 消控室工作标准

1 接听消防电话

当消防电话响起时，监控值班员第一时间接起电话询问发生火情的位置、火势大小、火灾类型等情况并保持电话畅通，随时听候指示。

2 查看消防主机

当消防主机报警时，按下"火警"键，屏幕显示具体火警位置，值班人员需前往现场查看，若无异常，直接按"复位"键，大约30~40秒复位完成。

3 开启/关闭背景音乐

请当班同事在06:30将所有需要播放的音乐调至指定的音源频道和区域。如有部门电话告知调节音量，请告知该部门先行调节所在区域音响音量控制旋钮。请勿随意调节音量。

4 调阅监控录像

调阅监控录像的员工必须填写《调阅监控申请》，交由本部门经理、保安部经理、总经理及业主代表签字，方可通知值班监控员调取视频资料。

8.3 电梯困人工作标准流程

1 被困求救

电梯内乘客被困，按响警铃（呼救、打电话求救），待接通对讲后讲明被困情况及人数。

2 接听电梯报警电话

监控室值班人员接到电梯被困人员电话或对讲报警后，通过监控系统或对讲电话了解电梯困人发生地点、被困人数、人员情况，以及电梯所在楼层，并且安抚被困人员情绪。

3 监控轿厢

同时用监控视频关注轿厢的情况。

4 及时向管理层报告

监控室值班员向当班保安主管汇报，当班保安主管向保安部经理汇报，保安部经理及时将情况报告总经理及业主公司代表。

第 8 章　保安部

5　及时通知相关部门

监控室值班员向总机汇报，总机通知保安主管、值班经理、值班工程师和电梯维保人员前往被困现场进行解救。

6　解救被困人员

在电梯维保人员解救被困人员时，值班经理安抚被困人员情绪。

7　安抚被困人员情绪

在电梯维保人员成功解救出被困人员时，值班经理和保安主管应上前安抚客人情绪，并询问被困人员身体是否有不适，如果被困人员感觉身体良好，可让被困人员休息并进行安抚，如若不适，及时送往医院。

8　值班经理写事故报告

值班经理写好事故报告，报告总经理并存档备案。

8.4 员工通道工作标准

外来人员证件类别

（1）布展证：仅限于酒店婚宴、会议室布展使用。
（2）访客证：仅限于临时访客在酒店办公区域使用。
（3）帮工证：仅限于外来帮工使用。
（4）施工证：仅限于外来施工人员进入酒店施工区域进行作业时使用。

外来人员证件使用规定

酒店来访人员需到员工通道办理登记手续，并办理证件，不得在酒店内吸烟。酒店来访人员应妥善保管证件，不得损毁、涂改或转借他人。

员工通道坐立姿势

员工通道保安员在无人员进出的情况下，保持坐立姿势。必须做到"五步问好，十步微笑"。

访客登记

向访客微笑致意并问候："您好，请问有什么要帮助您的？"访客说明来访原因后，需要在《访客登记表》登记详细信息，保安员要认真核对填写信息。

第 8 章 保安部

访客确认
致电被访部门进行确认。

准许进入
办理相应的证件后准许访客进入酒店区域。

询问来访人员是否是酒店员工
微笑并礼貌地询问来访人员是否是酒店员工。

出示员工证件
若是酒店员工请该员工出示员工卡,保安员检查确认后方可进入酒店。

查看携带物品

检查离开酒店员工的手袋和包裹,检查时注意:保安员不得私自打开员工的手袋,员工应自行打开手袋配合检查。

查看完毕并放行

检查若无异常时,微笑并示意该员工可以通行。

领用钥匙

部门领用钥匙时,领用人须出示员工卡并进行登记。

上交钥匙

部门须将钥匙用纸袋封存,并在纸袋上注明部门、上交钥匙人姓名、上交日期。

8.5 酒店安全检查工作标准

检查排烟风口

检查排风口是否正常运作时，按下"排烟风口"按键，若消防主机显示联动，则一切正常，若出现异常，联系消防维保人员尽快修理。检查结果及时做记录。

检查安全出口

检查酒店消防通道是否畅通，消防指示牌是否被遮挡，防火门是否处于关闭状态。

检查灭火器

检查灭火器时注意罐体有无破损，压力值是否在可用范围之内，是否符合使用期限。

检查消火栓

检查消火栓时注意各个部件是否完好并填写检查记录表。打开阀门，检查消火栓软管卷盘是否有水，无水时做详细记录并报工程部维修。爱护消防设施、设备，做到勤检查，勤维护。

检查厨房消防系统

每日巡逻对厨房消防系统进行检测,确保安全系统处于良好的运作状态,发生紧急情况下保证能正常使用。

检查灭火毯

对灭火器、灭火毯要按照规定放好并检查登记。

检查库房

仓库人员下班后,保安人员应检查仓库门是否有异常或异味(烟火、煤气等)。一有异常情况,立即报告当值负责人和大堂经理处理,有特殊情况必须进入仓库,应由值班经理和值班工程师陪同见证。

检查车库

所有车库值班保安员,要对车辆进行一次检测,门窗是否关好、标牌是否齐全,并且做好记录,对于发现的问题立即报告当班负责人采取安全措施。

8.6 消防设施使用工作标准

消防战斗服

消防战斗服及头盔的摆放必须整齐规范，上面摆放消防战斗服，下面一层摆放消防战斗靴及裤子，及时清理上面的灰尘。

消防战斗服的穿着

（1）穿着战斗服时应将裤管套在消防战斗靴外面。

（2）两脚踏到靴底，先穿靴子和裤子，再穿上衣，系好扣子。

（3）穿戴安全带时，须将带扣穿入扣眼，带尾插入扣内，安全带扎牢，以免发生脱扣。

（4）盔帽戴正，帽带贴于下颚。

空气呼吸器

（1）取出空气呼吸器，检查气瓶工作压力是否在 30 兆帕，检查面具无污物，保持面具视野清晰。

（2）检查瓶带卡，保证瓶带始终处于闭环状态。

空气呼吸器的穿戴

（1）佩戴时，将面具与气瓶间快速接头断开，然后将背托托在人体背部，根据身材调节好肩带、腰带并系紧，以合身、牢靠、舒适为宜。

（2）把全面罩的长系带套在脖子上，使用前，全面罩置于胸前，以便随时佩戴，然后将快速接头接好。

（3）将供给阀的转换开关置于关闭位置，打开空气瓶开关。

（4）用手按压供给阀上的红色按钮，检查其开关或关闭是否灵活。

灭火器

（1）按其充装的灭火剂可分为：干粉灭火器、泡沫灭火器和二氧化碳灭火器。

（2）按其移动方式可分为：手提式灭火器和推车式灭火器。

干粉灭火器的使用

（1）使用手提式干粉灭火器时，应手提灭火器的提把，迅速赶到着火地点。在距离起火点5米左右处，使用灭火器。在室外使用时，应占据上风位置。

（2）使用前，先把灭火器上下颠倒几次，使筒内干粉松动。

（3）如使用的是内装式，应先拔下保险销，一只手握住喷嘴，另一只手用力压下压把，干粉便会从喷嘴喷射出来；如使用的是外置式干粉灭火器，则一只手握住喷嘴，另一只手提起提环，握住提柄，干粉便会从喷嘴喷射出来。

（4）对准火焰根部喷射，并由近而远，左右扫射，快速推进，直至把火焰全部扑灭。

消火栓使用

（1）打开消火栓阀门，取出消防水带、水枪头。

（2）检查水带及接头是否良好，如有破损严禁使用。

（3）将水带靠近消火栓端与消火栓连接，连接时将连接扣准确插入滑槽，按顺时针方向拧紧。

（4）将水带另一端与水枪头连接，连接完毕后，至少有两人握紧水枪，对准火场（勿对人，防止高压水伤人）。

（5）缓慢打开消火栓阀门至最大，对准火焰根部进行灭火。

抛撒水带

抛撒水带时，用手卡住水带，小臂用力，向前方抛出45°左右时，除拇指和食指外，其余手指自然松开，水带主体抛出，手中只留两个接口。如果臂力不够好，也可以在扬手的同时，用脚踢水带主体，加速水带的滚动。

第9章 人力资源部

9.1 应聘流程

1 人力资源部接到保安部电话通知，员工通道有员工应聘。

2 人力资源部员工到员工通道欢迎应聘员工并引领至人力资源部。

3 保持面试间布置整洁。

4 提前准备好职位申请书、笔及茶饮等物品。

第 9 章 人力资源部

5 请求职者入座,并倒茶饮。

6 向求职者介绍酒店基本概况、招聘需求,并询问求职者想要应聘的岗位。

7 请求职者按照例表填写职位申请书。

8 人力资源部依据行为基础技巧进行面试,并记录。

9 对符合标准的候选人推荐至相关部门复试,与员工及相关部门约定好复试时间,并通知应聘者及相关部门。

10 复试时相关部门负责人到来后,进行引荐,并介绍复试面试官的部门、职位及姓名给应聘者,开始复试。

11 复试完成后，跟进复试结果，并由复试部门填写面试报告。

12 对符合条件的求职者，根据其职位申请书中的受雇记录，至少选择 1~2 个单位进行背景核查，并将调查结果记录在职位申请书背景调查栏内。

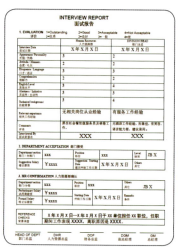

13 确保在面试结束后的 3 日内给予应聘者面试结果的回复。

14 将面试合格人员的职位申请书进行签批流程审批。

第 9 章 人力资源部

15 入职前 3 天给录用的新员工致欢迎电话。

16 给录用的新员工发放录用通知书，通知书清晰注明提供的薪资和福利条款，并有入职时需准备的资料及办理入职的时间、地点，确保录取通知符合品牌文化。

17 为每一位入职新员工准备好入职手续。

9.2 入职流程

1 新员工在入职第一天时收到"新员工欢迎手册"。

2 新员工在入职第一天时签收"员工手册"。

3 新员工在入职当天签订劳动合同。

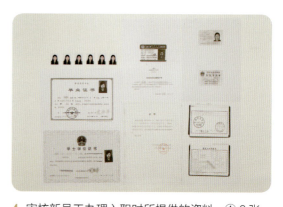

4 审核新员工办理入职时所提供的资料：①6张一寸（2.5厘米×3.5厘米）白底彩色照片；②身份证原件及复印件4张；③户口本原件及复印件两张；④最高学历、学位、职称、资格证书原件及复印件1张；⑤无犯罪记录证明原件1张；⑥与原单位解除劳动关系的证明原件及复印件1张；⑦有效健康证明原件。

第9章 人力资源部

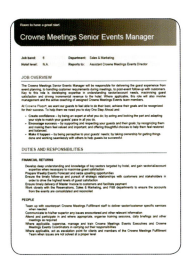

5 根据职位描述与新员工进行沟通，确保其充分了解自身的岗位职责。

6 为新员工准备好更衣柜。

7 为有需要的员工准备好员工宿舍。

8 为新员工提供免费的工作餐。

9 新入职员工均被指派一个接受过相应培训的入职顾问。

10 新员工入职10天后进行回顾，收集新员工的入职感受并做分析改进。

11　新员工入职7日内，需参加酒店的入职培训。

9.3　离职手续办理流程

1　酒店员工如因各种原因辞职，需填写辞职报告并将辞职报告递交部门负责人签字批准。

2　将部门负责人签字批准后的辞职申请交至人力资源部。正式员工需提前1个月写辞职申请，试用期内员工需提前3天写辞职申请。

第 9 章　人力资源部

3 人力资源部核查部门是否已签字同意，核查后与员工约时间做离职面谈并记录。对于工作表现优秀的员工应予以挽留，并与部门沟通员工离职面谈结果。

4 确定员工离职日期后给离职员工发放人事变更单、辞职申请表等相关表格。

125

5 员工提出离职之日起至离职到期日，应逐项办理工作移交手续。

6 员工最后工作日结束后次日至人力资源部领取员工离职手续清单，按照清单内容逐项办理物品及工作交接手续。

7 离职手续交接完毕后，人力资源部将离职员工送出酒店。

8 人力资源部将离职员工的资料归档备案。

9.4 仪容仪表

制服着装标准

（1）合身。
（2）熨烫平整。
（3）干净整洁。
（4）穿着制服不应露出纹身等。
（5）戴在手腕处的更衣柜钥匙不应露出衣袖。

（1）穿着与制服搭配的内衣。
（2）员工下班不允许穿着制服离开酒店。

鞋袜着装标准

（1）工鞋光亮，完好。
（2）男士只允许穿黑色袜子。
（3）女员工穿酒店统一发放的袜子，并且保证丝袜无破洞、无抽丝。

头发——女士

（1）头发不应挡住眼睛或面颊。
（2）头发超过肩膀，用发网扎起。
（3）使用黑色或与发色相近的发卡。

头发——男士

 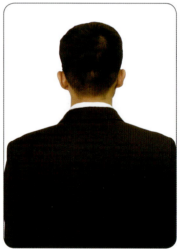 

（1）不留鬓角。
（2）头发不遮住脸部。
（3）头发不可超过耳朵或衣领。

面容——女士

（1）淡妆。
（2）适合制服的口红颜色。

面容——男士

（1）不留胡须。
（2）保持面部干净。

饰品——女士

（1）只允许佩戴一枚戒指。
（2）不允许佩戴耀眼的首饰。
（3）不允许佩戴胸针、手镯、脚链、嘴\鼻\耳环。
（4）女员工最多可佩戴一副简洁、尺寸不超过 0.6 厘米的贴耳式小耳环（每只耳朵只可佩戴 1 只耳环在耳垂处）。

饰品——男士

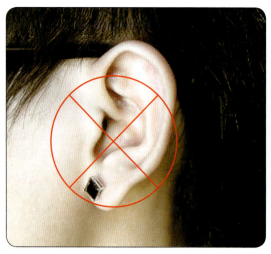
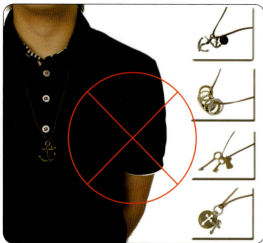

（1）只允许佩戴一枚戒指。
（2）项链不可显耀地佩戴在外。
（3）不允许戴耳环。

饰品——手表

不允许佩戴运动型或外形夸张的手表。

只允许佩戴传统型手表。

指甲

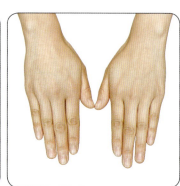

（1）指甲须剪短至不超过指肚及保持清洁。
（2）女士只允许涂无色透明指甲油（餐饮部女员工不能涂指甲油）。

第 10 章　工程部

客房保养标准操作流程

1 拎工具箱敲门。

2 检查门牌安装是否端正、门铃是否正常。

3 检查门把手。

4 检查门锁刷卡操作是否正常。

第 10 章　工程部

5　检查门锁锁舌、门锁挡板。

6　检查自动闭门器。

7　检查门合页的润滑并清理，螺钉是否松动。

8　检查门密封、防光条。

9　检查门和门套是否需要补漆。

10　检查疏散指示图是否正确。

11 检查猫眼。

12 检查防盗扣。

13 检查插卡取电。

14 检查开关。

15 检查天花板和检修口状况。

16 检查应急灯、照明光源。

第 10 章 工程部

17 检查壁柜木皮、油漆、把手是否完好。

18 检查衣柜灯感应器。

19 检查衣柜门吸情况是否正常。

20 检查衣柜门合页情况是否正常。

21 检查衣架。

22 检查衣架杆、壁纸。

23 检查抽屉及抽屉轨道。

24 检查空调操作面板显示、温度、风速、开关操作是否正常。

25 检查推拉门是否开关顺畅。

26 检查推拉门轨道是否正常。

27 检查卫生间所有照明光源、控制是否正常。

28 检查洗手台镜子、镜面灯和框架。

第 10 章 工程部

29 检查洗手台台面。

30 检查面盆是否有划痕、脱釉,下水口是否通畅。

31 检查剃须刀插座电压是否正常。

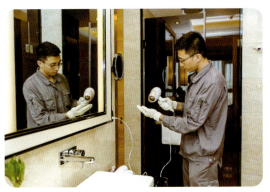

32 检查吹风机工作是否正常、线路有无破损。

33 检查所有水龙头、转换器,清洗龙头过滤网。

34 检查浴缸是否有划痕、脱釉。

35 检查淋浴花洒出水状态。

36 检查淋浴花洒。

37 检查肥皂架是否牢固。

38 检查所有地砖、墙砖状态是否完好。

39 检查地砖和墙砖的接缝，并在浴缸、淋浴间、马桶间、洗手台打胶。

40 检查马桶水箱。

第 10 章 工程部

41 检查马桶坐垫及马桶是否松动。

42 检查卫生间广播喇叭是否正常。

43 检查卫生纸架、电话是否正常。

44 检查马桶冲水装置。

45 检查卫生间挂画。

46 检查卫生间检修口、天花板状态。

47 检查所有排水、下水地漏水密封、盖子是否完好，有无异味。

48 检查晾衣绳是否固定牢固，线绳有无磨损。

49 检查所有电话和电话线状态是否良好，标签是否清晰。

50 检查迷你吧移门是否正常。

51 检查冰箱的运转、冷藏、密封、清洁、内部灯光是否正常。

52 检查遥控器是否正常工作，有无破损。

第 10 章　工程部

53　检查电视机所有频道信号是否正常。

54　检查所有床头开关和灯光控制器的操作和安全性。检查写字台和床头处所有灯光开关工作是否正常。

55　检查写字台和床头处所有电源和信息插口工作是否正常。

56　检查落地灯和台灯灯罩有无破损，安装是否可靠。

57　检查落地灯、壁灯工作是否正常。

58　清洗烟感探测器并检查工作是否正常。

59 检查沙发是否稳固、软包是否完整,有无塌陷。

60 检查转椅是否稳固,软包是否完整,有无塌陷。

61 检查床体、床头板安装是否牢固,饰面有无破损,床头玻璃及灯带是否正常。

62 检查电视柜有无破损。

63 检查床头柜抽屉滑轨状态是否良好。

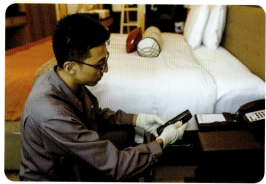

64 检查手电筒能否正常使用。

第 10 章 工程部

65 检查天花板是否需要修补。

66 检查窗帘轨道是否顺畅。

67 检查窗帘状况。

68 检查窗户密封及限位器是否正常（正常限开为 15 厘米）。

69 检测房间噪声（参考值：低于 32 分贝）。

70 检测空调风速（参考值：1.5~2 米 / 秒）、空气湿度（参考值：40%~50%）。

71　检查地毯和地砖是否完好。

72　检查保险箱操作是否正常。

73　检查保险箱安装是否牢固。

74　检查抽屉是否正常使用。

75　检查电子秤是否正常使用。

76　检查客房内空调面板冷热转换，空调冷、热水电磁阀开关是否正常。

第 10 章 工程部

77 清理客房空调凝、冷却水接水盘,检查排水是否通畅。

78 清洗客房空调过滤网。

79 检查客房空调风机盘管。

80 检查配电箱线路接线状态是否良好并进行紧固。

81 在维修单上填写记录。

82 拔取电卡,关门。